tu
calma
empieza
aquí

Con una
MENTE CLARA
y un
CORAZÓN SERENO,
cualquier cosa es
POSIBLE.

tu calma empieza aquí

UN DIARIO PARA ACALLAR LA ANSIEDAD

Meera Lee Patel

Traducción de Raúl Sastre Letona

PLAZA JANÉS

Papel certificado por el Forest Stewardship Council®

Penguin
Random House
Grupo Editorial

Título original: *Create Your Own Calm: A Journal for Quieting Anxiety*
Primera edición: octubre de 2021
Segunda reimpresión: enero de 2024

Printed in Spain – Impreso en España

ISBN: 978-84-01-02629-4
Depósito legal: B-12.893-2021

Compuesto en M. I. Maquetación, S. L.
Impreso en Gráficas 94, S. L.
Sant Quirze del Vallès (Barcelona)

L 0 2 6 2 9 A

Dedicado a ti,
para crear tu propia calma

INTRODUCCIÓN

En todo el mundo, la mayoría de nosotros vivimos en un estado de ansiedad que aumenta rápidamente. Aunque cada uno lo ve y lo siente a su manera, ese extraño runrún persiste, nos acompaña cuando salimos a hacer recados, se filtra en las conversaciones y hace que sea imposible mantener la cabeza despejada.

La ansiedad altera cómo procesa el cerebro los pensamientos y sentimientos, y cambia el modo en que tu organismo reacciona ante el entorno. La ansiedad surge cuando nos enfrentamos a lo desconocido, ya sea por un panorama político volátil, las presiones académicas o profesionales, e incluso las crisis globales. También brota cuando nos damos cuenta, para nuestro disgusto, de que a menudo nos sentimos ignorados en nuestras relaciones personales.

En muchos sentidos, el mundo en el que vivimos está diseñado para que nos sintamos incompetentes. ¿Con qué frecuencia notas que esa familiar sensación de ansiedad se va apoderando de ti tras despertarte cada día y leer las noticias matutinas? ¿Tu mente se acelera cuando echas un vistazo a los créditos que aún debes pagar o piensas en que tienes que volver a clase o al trabajo al día siguiente? Si te sientes así, no estás solo.

Si sientes ansiedad, no es culpa tuya, ni tampoco es señal de que algo en ti está mal. La ansiedad es un síntoma de que estamos haciendo un esfuerzo por encajar en muchas estructuras que no funcionan. La desigualdad que reina en comunidades, trabajos y gobiernos es una fuente constante de estrés, miedo y desapego.

Ciertas cosas de poca importancia me provocan ansiedad, como pronunciar mal una palabra o conocer a alguien. Luego están los miedos con raíces profundas, con los que cargo desde hace años, que me provocan ansiedad cuando menos me lo espero: el miedo a sentirme inútil (a no estar nunca a la altura) siempre que me comparo con otra persona; el miedo al fracaso que se adueña de mí inmediatamente cuando me atrevo a soñar un poquito más a lo grande. El miedo al rechazo despierta en mí una ansiedad enorme cuando me siento vulnerable en mi trabajo y mis relaciones.

Me cuesta admitir (incluso a mí misma) que soy una persona ansiosa. Quiero ser valiente, no miedosa, pero mi ansiedad a veces me convence de que no soy nada audaz.

Durante muchos años, querer ser como todos los demás en mi vida (o en internet) solo me ha causado más ansiedad. He intentado llegar donde otras personas habían llegado en su carrera profesional y su vida personal. Quería desesperadamente alcanzar las mismas metas vitales que mis colegas..., y eso, también, me hacía sentirme más ansiosa.

Mi miedo determinaba todo lo que hacía y cómo abordaba cualquier situación o relación nueva. Mi inseguridad aumentó y mi ansiedad se disparó, impidiéndome vivir la vida que deseaba. Me impidió ser quien era y me moldeó hasta convertirme en una persona que nunca estaba a gusto consigo misma. La ansiedad creaba barreras que me separaban de aquellos que se preocupaban por mí. Era incapaz de aceptar ayuda de los que me querían. Mi ansiedad también se expresaba en síntomas físicos: desasosiego, jaquecas y un pulso tan acelerado que ni siquiera podía salir de casa. Para mucha gente es aún peor.

La idea de que uno puede cambiar su vida suele ser imposible de imaginar para una persona ansiosa.

Solo cuando empecé a hacerme caso —a prestar atención al camino que seguía en la vida y a la voz que oía en mi cabeza—, fui capaz de comenzar a calmar las oleadas de ansiedad que me acompañaban. Lo que aprendí fue que mi ansiedad hundía sus raíces en el miedo y, cuanto más me negaba a reconocerlo o a enfrentarme a ello, más fuerte se volvía la ansiedad. Lo que aprendí fue que gran parte de mi ansiedad tiene su origen en haberme alejado de mí misma, de mis fortalezas y mis sueños.

Lo que aprendí fue que mi ansiedad surge de que no me gusta, ni acepto ni celebro quien soy.

Este libro es un diario para serenar la ansiedad. También es un diario para aceptarse a uno mismo. Te ayudará a descubrir esa paz que solo existe cuando te sientes satisfecho con quien eres. Te animará a mirar dentro de ti para identificar las causas de tus temores más profundos (y, a menudo, más sutiles). Te ayudará a acabar con la ansiedad al ofrecerte técnicas que calman los arrebatos de preocupación que brotan de cada miedo. En él comparto los métodos prácticos que permiten gestionar la ansiedad y que me ayudaron a pasar de vivir con miedo a vivir con una serena curiosidad.

Ten paciencia contigo mientras avanzas por estas páginas a tu propio ritmo. Recuerda, por favor, que gestionar la ansiedad es un proceso continuo y que no hay un solo camino para alcanzar la paz mental. En cada situación y etapa de la vida, hay que aplicar un método diferente. El mayor regalo que puedes hacerte es darte la oportunidad de intentarlo de nuevo.

En todo lugar oscuro hay una luz, y espero que estas páginas te ayuden a encontrarla. Haz un hueco al valor en tu corazón. Cómo te sientes ahora es algo temporal y, al igual que todo en la vida, cambiará. Hay innumerables caminos para sortear la ansiedad que te embarga, y este diario te mostrará muchos de ellos. Cada camino ofrece solaz para un corazón dominado por la ansiedad, lecciones que atesorar y desafíos a los que enfrentarte. Aprovecha lo que te funcione y descarta el resto.

Recuerda que si un camino no es el adecuado para ti, siempre hay varios más: la paz te seguirá inevitablemente cuando sigas tu propio camino.

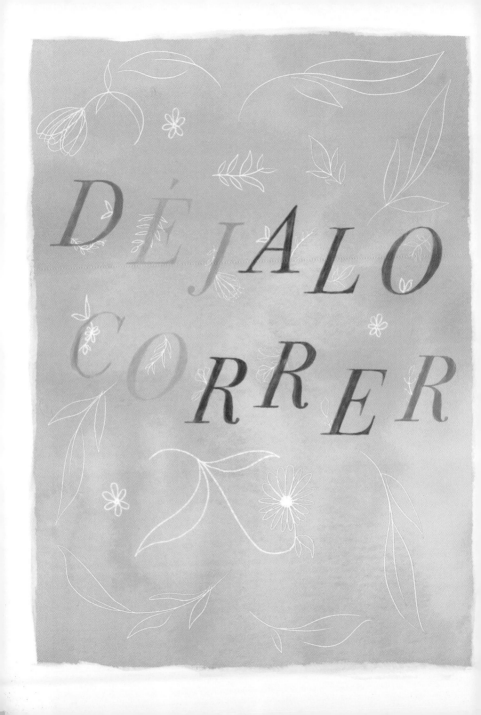

Intenta calmar la ansiedad que sientes físicamente:

1) Fíjate en qué zonas del cuerpo notas cierta tensión o endurecimiento.

2) Inspira por la nariz y espira por la boca.

3) Repite este ejercicio hasta que la tensión disminuya.

ANTES DE ESTE EJERCICIO, TENÍA ESTA SENSACIÓN DE ANSIEDAD:

DESPUÉS DE ESTE EJERCICIO, TENGO ESTA SENSACIÓN DE ANSIEDAD:

La raza
HUMANA
solo tiene
un arma realmente
EFICAZ
y es
LARISA

MARK TWAIN

Escribe o dibuja tres cosas que siempre
te hagan reír y sentirte a gusto.

AMARSE

A UNO ES PRIN MISMO EL CIPIO DE UN ROMANCE PARA TODA LA VIDA.

Oscar Wilde, Un marido ideal

Anota en esta lista tres aspectos de la vida
en los que eres muy duro contigo.

1.

2.

3.

¿Cómo puedes apoyarte más a ti mismo?

Escribe tres pensamientos negativos que suelen
colarse en tu mente por culpa de la ansiedad.
¿Con qué pensamientos positivos podrías reemplazarlos?

1. Pensamiento negativo:

   Pensamiento positivo:

2. Pensamiento negativo:

   Pensamiento positivo:

3. Pensamiento negativo:

   Pensamiento positivo:

La próxima vez que un pensamiento negativo provocado
por la ansiedad se cuele en tu mente, elige escuchar
el pensamiento positivo.

—Lo que
embellece
al desierto
—dijo el
principito
es que
esconde
un pozo
en cualquier
parte...

ANTOINE DE SAINT - EXUPÉRY
EL PRINCIPITO

Piensa en una dificultad a la que te enfrentes
en estos momentos.
¿Cuál es la luz al final de ese túnel?

*debo perderme
en la acción,
no sea que brote
la desesperación.*

ALFRED LORD TENNYSON
«Locksley Hall»

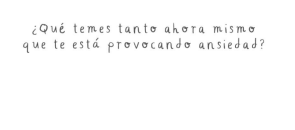

¿Qué temes tanto ahora mismo
que te está provocando ansiedad?

¿Cuáles son las probabilidades de que esto ocurra de verdad?

¿Qué puedes hacer si esto sucede?

Ojalá pudiera mostrarte,
cuando te sientes solo o mal,
la asombrosa luz de tu propio ser.

HAFIZ

¿De qué color dirías que es tu estrés?
Píntalo o coloréalo aquí.

¿De qué color dirías que es tu serenidad?
Píntala o coloréala aquí.

SÉ curioso, no crítico

Creer que puedes hacer algo nace de la curiosidad y la confianza, mientras que creer que deberías hacer algo nace de ciertos dictámenes. Aprende a pensar en qué «puedes» hacer en vez de en qué «deberías» hacer.

Escribe algo que sientes que deberías hacer.

¿Por qué crees que deberías hacerlo?

¿Quieres hacerlo? (Rodea la respuesta con un círculo)

SÍ / NO

Si la respuesta es no, ¿qué puedes hacer en su lugar?

EL PRINCIPIO
que rige mi vida...
ES ACEPTAR LAS COSAS
CON GRATITUD
y no como algo
que hay que dar por hecho

G.K. CHESTERTON
Autobiografía

Haz una lista de las cosas por las que te sientes agradecido.

1. _____

2. _____

3. _____

4. _____

5. _____

6. _____

7. _____

8. _____

9. _____

10. _____

Podemos perdonar fácilmente a un niño
que teme a la oscuridad;
la verdadera tragedia de la vida es cuando
los hombres temen a la luz.

PLATÓN

¿Qué valores son más importantes para ti?
Rodéalos con un círculo.

BONDAD   GRATITUD

              FUERZA   HUMILDAD

          PERSEVERANCIA   POSITIVIDAD

    PASIÓN   INTELIGENCIA   HUMOR

          ESTABILIDAD   RIQUEZA

LIBERTAD   INDEPENDENCIA   MOVILIDAD

      SALUD   INGENIO   ASTUCIA

          CAPACIDAD   GENEROSIDAD

    ALTRUISMO   RESPETABILIDAD

          DEDICACIÓN   ÉTICA PROFESIONAL

El mundo
entero
es hermoso,
el arte
está en verlo.

CAMILLE PISSARRO

Cierra los ojos e imagina una vida ideal para ti.

¿Cómo es? Dibújala o descríbela en esta página.

La verdadera felicidad es... disfrutar del PRESENTE, SIN DEPENDER ansiosamente del futuro.

LUCIO ANNEO SÉNECA

¿En qué piensas cuando el futuro te provoca ansiedad?
Anótalo aquí:

1.

2.

3.

Cierra los ojos y respira hondo cinco veces.
¿Qué te pasa por la cabeza cuando piensas en el futuro
en positivo?

1.

2.

3.

CREER QUE ERES VALIENTE ES SER VALIENTE

JUANA de ARCO

¿Qué cinco cosas harías si no tuvieras miedo?

1.

2.

3.

4.

5.

Ahora cierra los ojos y cree que eres valiente.
ERES VALIENTE.

¿Qué pasos darías para poder hacer cada una
de esas cinco cosas?

1.

2.

3.

4.

5.

DEBE DE HABER MUCHA MAGIA EN
EL MUNDO... PERO LA GENTE NO
SABE CÓMO ES O CÓMO HACERLA.
TAL VEZ EL PRIMER PASO CONSISTA,
SIMPLEMENTE, EN DECIR QUE VAN
A PASAR COSAS BUENAS HASTA QUE
LOGRES QUE SUCEDAN.

Frances Hodgson Burnett
El jardín secreto

Uno de los mejores remedios para la ansiedad
es rodearse de naturaleza.
Sal a dar un paseo y sé consciente de todo lo que te rodea.
Anota tres cosas que veas, sientas y oigas.

1. Veo:

2. Siento:

3. Oigo:

TODO LO QUE HAGAS
SERÁ INSIGNIFICANTE,
PERO ES MUY IMPORTANTE
QUE LO HAGAS.

GANDHI

Escribe cinco cosas que SOLO TÚ ofreces al mundo.

1.

2.

3.

4.

5.

No puedes ser valiente sin tener miedo.

UN MOMENTO EN QUE TUVE MIEDO:

CÓMO SUPERÉ ESE MIEDO:

Cuando te despiertes
por la mañana,
piensa en qué
privilegio tan hermoso
es vivir..., respirar...,
pensar..., gozar...,
¡amar!

MARCO AURELIO

Inspira y espira, concéntrate en lo agradecido
que te sientes por este nuevo día.

¿En qué idea agradeces pensar?

¿Qué sentimiento agradeces experimentar?

¿Qué cosa agradeces tener?

¿Qué persona agradeces que esté en tu vida?

O CAMINAMOS TODOS JUNTOS
HACIA LA *paz,*
O NUNCA LA HALLAREMOS.

BENJAMIN
FRANKLIN

Nombra las cosas que hacen que te sientas con los pies
en el suelo y seguro.

UNA PERSONA:

UN LUGAR:

UN LIBRO:

UNA CANCIÓN:

UNA ACTIVIDAD:

El principio fundamental del crecimiento radica en el libre albedrío.

GEORGE ELIOT
Daniel Deronda

Identifica tres hábitos que incrementen tu ansiedad.
Traza un círculo alrededor de aquellos que puedes
intentar cambiar.

1.

2.

3.

Todo es una historia.

TÚ ERES UNA HISTORIA.

Yo soy una HISTORIA.

FRANCIS HODGSON BURNETT
La princesita

¿Qué historia te cuentas a ti mismo cuando notas
que la ansiedad se va adueñando de ti?

¿Qué historia puedes contarte en vez de esa?

UN VIAJE DE
mil kilómetros
COMIENZA
con un solo paso.

LAO TSE

Piensa en algo que te provoque ansiedad.

Escribe cómo te sientes:

Cierra los puños con fuerza y nota la tensión.
Abre y relaja las manos lentamente. Repite esto 10 veces.

Escribe cómo te sientes ahora:

LA BELLEZA NO ESTÁ
EN EL ROSTRO; LA BELLEZA
es una luz en el corazón.

KHALIL GIBRAN

¿Qué tres cosas dan sentido a tu vida?

Dibújalas aquí.

TU MIEDO SIEMPRE TE LLEVARÁ
hasta la magia.

¿Qué dos miedos te gustaría superar?

MIEDO 1:

Por qué tengo miedo:

Qué me dice este miedo sobre lo que más deseo:

En vez de tener miedo, ojalá me sintiera:

Empecé a sentirme así por:

MIEDO 2:

Por qué tengo miedo:

Qué me dice este miedo sobre lo que más deseo:

En vez de tener miedo, ojalá me sintiera:

Empecé a sentirme así por:

¿SABES QUE SER UN MARGINADO *es lo peor que* LE PUEDE PASAR A ALGUIEN EN ESTE MUNDO?

GENE STRATTON-PORTER
Laddie

Nuestras mayores ansiedades pueden tener sus raíces en un sentimiento de marginación. Hoy por hoy, ¿cuándo te sientes excluido?

Con esta persona:

En este sitio:

Cuando estoy:

Cuando pienso en:

Cuando intento hacer esto:

Si te caes
SIETE
VECES,
levántate
OCHO.

PROVERBIO JAPONÉS

Ayer mi ansiedad era:

UNA SOMBRA OSCURA   UN DOLOR AGUDO   UN DESASOSIEGO

Hoy mi ansiedad es:

NEGATIVIDAD   PARÁLISIS   DUDA

Mañana, espero que mi ansiedad sea:

MÁS LEVE   MÁS SILENCIOSA   MENOS ENTORPECEDORA

Lo más grande del mundo es saber cómo pertenecer a uno mismo.

MICHEL DE MONTAIGNE

Imagínate tu futuro ideal.

1. Describe cómo te sientes en este futuro:

2. ¿En qué piensas?

3. ¿Cómo pasas el rato?

4. ¿Qué lección vital rige tu existencia?

Cuando el sendero
HACIA EL ERROR
SE CIERRA, EL CAMINO
a la verdad
suele abrirse.

CHARLES DARWIN
El origen del hombre

Anota algo que perdiste (un trabajo, una relación,
un ser querido, un proyecto) el año pasado.

¿Qué dos lecciones positivas sacaste
de esta experiencia?

1.

2.

NO HAY NADA
EN ESTA VIDA QUE
DEBAMOS TEMER,
ÚNICAMENTE
HAY QUE
COMPRENDERLO.

MARIE CURIE

¿Qué te provoca estrés en los siguientes temas?

Mi salud:

Mi creatividad:

Mi familia:

Mis amigos:

En el trabajo/en clase:

En las redes sociales:

¿Cómo puedes eliminar algunos de estos factores desencadenantes de estrés?

En cuanto a mi salud, puedo:

En cuanto a mi creatividad, puedo:

En cuanto a mi familia, puedo:

En cuanto a mis amigos, puedo:

En el trabajo/en clase, puedo:

En cuanto a las redes sociales, puedo:

Una vez le pregunté a una pajarita:
«¿CÓMO PUEDES VOLAR
EN ESTA GRAVEDAD
TENEBROSA?».

Y ella me respondió:

«EL AMOR
ME ELEVA».

HAFIZ

¿Qué ha hecho otra persona últimamente para animarte?

¿Qué has hecho tú últimamente para animar a otra persona?

El CAOS debe llevarse en el interior para PODER ALUMBRAR una ESTRELLA DANZANTE.

FRIEDRICH NIETZSCHE

Anota tres cosas que te pongan de los nervios.
¿Podrían estas mismas cosas alumbrar algo emocionante?

1. Me pone de los nervios:

   Pero puedo darle la vuelta a la situación así:

2. Me pone de los nervios:

   Pero puedo darle la vuelta a la situación así:

3. Me pone de los nervios:

   Pero puedo darle la vuelta a la situación así:

todo tiene
BELLEZA,
PERO NO TODO EL MUNDO
puede verla.

CONFUCIO

Anota algo hermoso acerca de:

AYER:

HOY:

UNA VEZ EN QUE TE SENTISTE ANSIOSO:

UNA VEZ QUE ESTABAS ALEGRE:

EL AÑO PASADO:

EL AÑO QUE VIENE:

UNA NUEVA OPORTUNIDAD:

UN ERROR:

UN DÍA LLUVIOSO:

La maravilla, la belleza
y la bondad del mundo
superan todo
lo imaginable.

D.H. LAWRENCE

¿Qué vistas o sonidos consiguen que te sientas más calmado?

Haz una lista o dibújalos aquí.

LA PREOCUPACIÓN HACE QUE
LAS COSAS PEQUEÑAS PROYECTEN
UNA SOMBRA MUY GRANDE.

PROVERBIO SUECO

Piensa en una preocupación que desearías
poder dejar atrás.

Cierra los ojos y medita sobre esa preocupación cinco
minutos, inspirando y espirando lenta y profundamente.

Cuando abras los ojos, deja que esa preocupación se vaya.

existo
TAL CUAL SOY:
ESO ES
bastante.
-WALT WHITMAN-

En vez de decirte que deberías estar mejor,
identifica por qué donde estás es suficiente.

FAMILIA
Debería sentirme:

Pero me siento:

Y eso me indica:

TRABAJO
Debería estar:

Pero estoy:

Y eso me indica:

ÁNIMO
Debería pensar:

Pero pienso:

Y eso me indica:

SALUD
Debería estar:

Pero estoy:

Y eso me indica:

AMOR
Debería sentirme:

Pero me siento:

Y eso me indica:

Toda la diversidad, todo el encanto,
toda la belleza de la vida se compone
de LUCES y de SOMBRAS.

LEV TOLSTÓI
Anna Karénina

Escoge tres cosas que desearías cambiar en tu vida.
¿Cuál es la luz y la oscuridad de cada una de ellas?

1:

LA LUZ:

LA OSCURIDAD:

2:

LA LUZ:

LA OSCURIDAD:

3:

LA LUZ:

LA OSCURIDAD:

La
eternidad
está
compuesta
de ahoras.

EMILY DICKINSON

Escribe cinco cosas de tu vida que hacen que
te sientas en calma.

1.

2.

3.

4.

5.

LA VIDA

SOLO PUEDE SER
ENTENDIDA
HACIA ATRÁS;

PERO DEBE SER
VIVIDA
HACIA DELANTE.

SØREN KIERKEGAARD

¿Qué dos lecciones aprendiste el año pasado?
¿Cómo han afectado a las decisiones que has tomado
desde entonces?

Lección 1:

Decisiones que he tomado gracias a eso:

Lección 2:

Decisiones que he tomado gracias a eso:

Cuanto más uno hace,
ve y siente,
más capaz es
de hacer.

AMELIA EARHART

Escribe acerca de una situación con la que te topes
a diario y te ponga de los nervios:

Cierra los ojos y visualiza la situación de forma positiva.
Imagina todos los detalles y la serenidad que sientes
a lo largo de la experiencia.

Pero quien
besa la
alegría que
se va volando
vive en un
eterno
amanecer.

WILLIAM BLAKE
<<Eternidad>>

ESCRIBE CINCO COSAS QUE HACES A DIARIO

ESCRIBE CINCO COSAS QUE DESEARÍAS HACER A DIARIO:

1.

2.

3.

4.

5.

1.

2.

3.

4.

5.

No sabían que era imposible, así que lo hicieron.

MARK TWAIN

Escribe tres metas que te parezcan imposibles de alcanzar.

¿Qué paso puedes dar para que sea posible alcanzar
cada una de ellas?

1. Meta imposible:

   Paso posible:

2. Meta imposible:

   Paso posible:

3. Meta imposible:

   Paso posible:

YO NO SOY NINGÚN PÁJARO,
ni ESTOY ATRAPADA EN RED ALGUNA.
Soy un ser humano libre,
CON VOLUNTAD PROPIA.

—CHARLOTTE BRONTË—
Jane Eyre

Escribe una carta a tu yo del pasado contándole
en qué sentidos has crecido como persona y has superado
obstáculos, miedos y ansiedades. Explica por qué te sientes
orgulloso de haber elegido seguir adelante.

Querido yo...

El valor de
la vida
no radica
en la
duración,
sino en el
uso que
hacemos
de ella.

MICHEL
DE MONTAIGNE

Rodea con un CÍRCULO las técnicas que ya utilizas
para cuidar de tu mente, cuerpo y alma.

Luego, TRAZA UNA CRUZ al lado de las tres técnicas
nuevas que vas a intentar utilizar habitualmente.

ESTABLECER LÍMITES   LLAMAR A UN AMIGO

        COMER ALIMENTOS SANOS   DORMIR

        CUIDAR A LOS DEMÁS   HACER EJERCICIO

            DESCONECTAR DE LAS REDES SOCIALES

                            MEDITAR

    EXPRESAR GRATITUD

        PASAR TIEMPO CON LOS SERES QUERIDOS

    BAILAR   ESCUCHARME   HACER TERAPIA

            DEDICARME TIEMPO

SI NO SABES HACIA QUÉ PUERTO NAVEGAS

NINGÚN VIENTO ES FAVORABLE.

SÉNECA
Tratados morales

Lo Desconocido puede ser una fuente de gran ansiedad y miedo. En estos momentos, centrarse en las cosas que te hacen sentir confianza podría ser de gran ayuda.

ESTO ES LO QUE SÉ:

ESTO ES LO QUE SOY:

ESTO ES LO QUE SIENTO:

ESTO ES LO QUE PUEDO HACER:

ESTO ES LO QUE QUIERO:

SI NECESITO AYUDA, ESTO ES LO QUE PEDIRÉ:

Nunca lloverán rosas: si queremos tener más, habrá que plantarlas.

GEORGE ELIOT

¿De qué cuatro cosas te gustaría tener más?
¿Cómo podrías cultivar cada una de ellas en tu vida?

1)

2)

3)

4)

Si hay luz
en tu corazón,
hallarás el camino
a casa.

Rumi

¿Cuándo te sientes más en calma?
Escribe o dibuja sobre ello en esta casa.

No vale
la pena dejar
que nuestras
imperfecciones
nos inquieten
siempre.

HENRY DAVID THOREAU

¿Qué rasgo (físico o emocional) desearías cambiar
de ti mismo?

Anota de qué tres maneras puedes convertir ese rasgo
en una fortaleza.

1.

2.

3.

La
verdadera
felicidad
está en la calma
de la mente y
el corazón.

CHARLES NODIER

Sal al exterior y respira hondo el aire, el sol y los árboles.

Concéntrate en lo que ves, hueles y oyes.

Fíjate en cómo tu mente se calma y tu cuerpo se relaja.

Recuerda que siempre hay un nuevo día a la vuelta de la esquina.

LA FUERZA no PROVIENE DE LA CAPACIDAD física, sino de una VOLUNTAD INDÓMITA.

Gandhi

Describe (o piensa en) una situación en la que, hoy por hoy, te sientes impotente.

¿Qué paso puedes dar para cambiar la situación?

LA PEOR CONSECUENCIA POSIBLE:

LA MEJOR CONSECUENCIA POSIBLE:

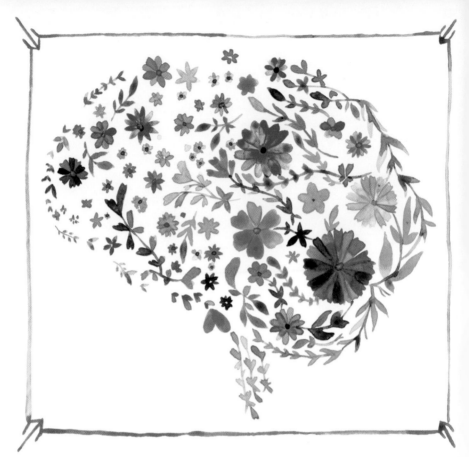

Todos piensan en CAMBIAR
el mundo, pero nadie
piensa en CAMBIARSE
A SÍ MISMO.

LEV TOLSTÓI

LO QUE NO ME GUSTA   CÓMO PUEDO CAMBIARLO   CÓMO PUEDO CAMBIAR MI
                                                          FORMA DE PENSAR EN ELLO

Lo que te salva
ES DAR UN PASO.

Y luego
otro más.

ANTOINE DE SAINT-EXUPÉRY

LA ACCIÓN CAMBIA LA ACTITUD.

¿Qué acción consigue siempre levantarte el ánimo?

Mi consejo es este:

« NUNCA DEJES
PARA MAÑANA
LO QUE PUEDAS HACER
HOY.
Demorar cualquier cosa es
robar al tiempo. »

CHARLES DICKENS
David Copperfield

Evito _____

_____ .

Porque tengo miedo de _____

_____

_____ .

Da la vuelta a la situación, crea un mantra
que te ayude a seguir adelante con valentía:

_____ es una oportunidad para mí

de crecer, aprender y _____

_____ .

Repítete este mantra todas las veces que haga falta
mientras sigues avanzando.

Viva al
MÁXIMO;
es un error
no hacerlo.

HENRY JAMES
Los embajadores

Escribe tres grandes sueños que temes perseguir.
¿Qué miedo te impide intentar alcanzar cada uno de esos sueños?
¿Qué paso puedes dar para dejar atrás esos miedos?

1. GRAN SUEÑO

   El miedo que me frena:

   El paso que puedo dar para avanzar:

2. GRAN SUEÑO

   El miedo que me frena:

   El paso que puedo dar para avanzar:

3. GRAN SUEÑO

   El miedo que me frena:

   El paso que puedo dar para avanzar:

SI FRACASA UN PROYECTO DE FELICIDAD,
la naturaleza humana se orienta hacia otro;
SI EL PRIMER CÁLCULO RESULTA EQUIVOCADO,
hacemos otro mejor.
SIEMPRE HALLAREMOS CONSUELO EN ALGUNA PARTE.

JANE AUSTEN
Mansfield Park

PLANEÉ QUE OCURRIERA ESTO:

PERO HA SUCEDIDO ESTO OTRO:

Y LO HE SUPERADO DE ESTE MODO:

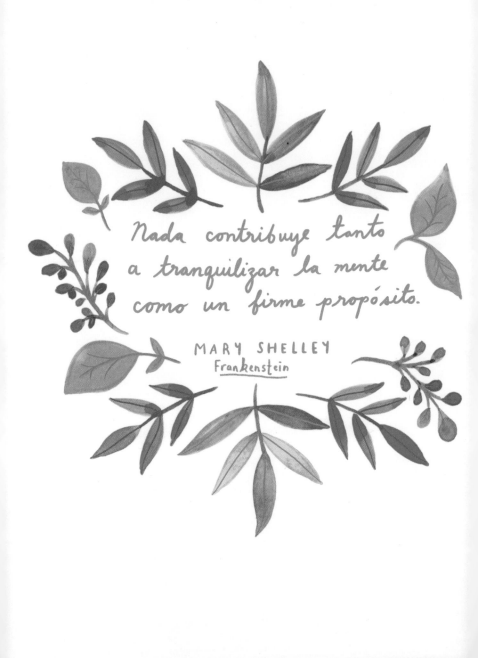

Nada contribuye tanto
a tranquilizar la mente
como un firme propósito.

MARY SHELLEY
Frankenstein

¿Cómo te imaginas un futuro seguro y lleno de esperanza?

¿Qué tres pasos puedes dar para avanzar
hacia ese futuro?

1.

2.

3.

Y cada hombre se yergue
con su rostro
iluminado
por su propia
espada desenvainada,
dispuesto a actuar
como un héroe.

ELIZABETH BARRETT BROWNING

Completa este diagrama de Venn sobre ti mismo.

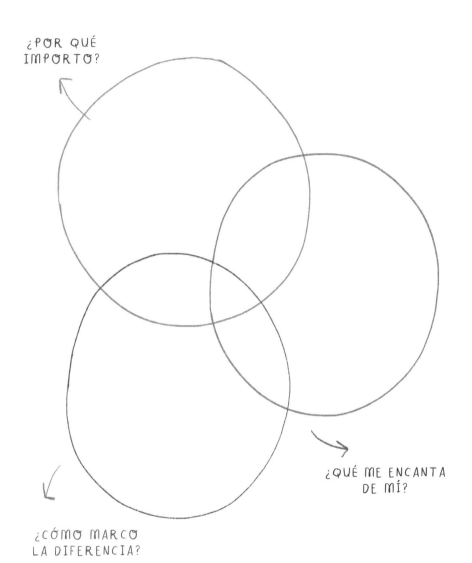

¿POR QUÉ
IMPORTO?

¿QUÉ ME ENCANTA
DE MÍ?

¿CÓMO MARCO
LA DIFERENCIA?

HAY DOS MANERAS de PROPAGAR
LA LUZ: SER LA VELA o EL
ESPEJO QUE LA REFLEJA.

EDITH WHARTON

Maneras en que puedo propagar la luz y dar apoyo cuando...

Un amigo está decepcionado:

Yo estoy decepcionado:

Un amigo está preocupado:

Yo estoy preocupado:

Un amigo tiene miedo:

Yo tengo miedo:

Un amigo está emocionado:

Yo estoy emocionado:

Un amigo está triste:

Yo estoy triste:

AGRADECIMIENTOS

Los ejercicios de este diario son una consecuencia de mi firme creencia de que hay infinidad de maneras de gestionar la ansiedad. Me centro sobre todo en la autoestima, porque aceptar quién soy y dónde estoy fue clave para enfrentarme a mi mayor fuente de ansiedad: la batalla entre mi corazón, cuerpo y mente. En particular, las siguientes prácticas redujeron muchísimo la ansiedad que sentía: la meditación diaria; el ejercicio regular; crear vínculos profundos (en el trabajo, en las relaciones y conmigo misma); pasar mucho tiempo en la naturaleza; hacer terapia y reforzar mi autoestima más allá de mi carrera profesional y mis logros. Aunque no siempre lo consigo, intento mantener mi casa y mi estudio limpios, porque opino que un espacio ordenado ayuda a tener una mente ordenada.

Otra lectura que recomiendo es *Conexiones perdidas: causas reales y soluciones inesperadas para la depresión* de Johann Hari, que explora la sensación de desapego que provocan una ansiedad y una depresión prolongadas.

Doy las gracias a todos aquellos cuya senda se ha cruzado con la mía en los últimos años y han aportado su grano de arena a este viaje que me ha llevado a aceptarme. Habéis calmado muchos de mis miedos a lo largo del camino.

Me siento agradecidísima a mi familia y mis amigos, quienes me apoyan constantemente en los momentos de duda y alegría. Tengo mucha suerte de contar con vosotros.

Muchas gracias a Laurie y Marian, quienes me animaron a hablar con mi propia voz. Estoy profundamente agradecida a ambas.

BIBLIOGRAFÍA

Las citas se han extraído de los siguientes libros:

The Ambassadors, de Henry James (Oxford University Press, 2009)

Anna Karenina, de Leo Tolstoy (Wordsworth Classics, 1997)

Autobiography, de G. K. Chesterton

The Best Liberal Quotes Ever: Why the Left is Right, de William Martin (Sourcebooks, 2004)

The Complete Essays, de Michael de Montaigne (Penguin Classics, 1993)

The Complete Poems, de William Blake (Penguin Classics, 1977)

Complete Works of George Eliot, de George Eliot (Delphi Classics, 2012)

Conversations with Artists, de Selden Rodman (Capricorn, 1961)

Daniel Deronda, de George Eliot (Penguin Classics, 1996)

David Copperfield, de Charles Dickens (Macmillan Collector's Library, 2016)

The Descent of Man, de Charles Darwin (Penguin Classics, 2004)

Frankenstein: The 1818 Text, de Mary Shelley (Penguin Classics, 2018)

The Gift: Poems by Hafiz, the Great Sufi Master, de Hafiz (Penguin Books, 1999)

An Ideal Husband, de Oscar Wilde (Project Gutenberg, 2009)

Jane Eyre, de Charlotte Brontë (Bantam Classics, 1981)

The Journals of Søren Kierkegaard (Princeton University Press)

Laddie, de Gene Stratton-Porter

The Little Prince, de Antoine de Saint-Exupéry (Houghton Mifflin Harcourt, 2000)

A Little Princess, de Frances Hodgson Burnett (Puffin Books, 2014)

Mansfield Park, de Jane Austen (Wordsworth Editions Ltd, 1998)

Meditations, de Marcus Aurelius (Dover Publiations, 1997)

My Friend Fear, de Meera Lee Patel (TarcherPerigee, 2018)

The Mysterious Stranger Manuscripts, de Mark Twain (University of California Press, 2005)

The New Beacon Book of Quotations by Women, de Rosalie Maggio (Beacon Press, 1992)

Personal Recollections of Joan of Arc, Volume 1, de Mark Twain (Project Gutenberg, 2018)

The Secret Garden, de Frances Hodgson Burnett (HarperClassics, 2010)

Selected Poems, de Alfred Lord Tennyson (Penguin Classics, 2007)

Soaring Wings: A Biography of Amelia Earhart, de George Palmer Putnam (1939)

Song of Myself, de Walt Whitman (Dover Publications, 2000)

Three Methods of Reform, de Leo Tolstoy

Thus Spoke Zarathustra, de Friedrich Nietzsche (Modern Library, 1995)

«Vesalius in Zante (1564)», de Edith Wharton en *North American Review* (noviembre de 1902)

SOBRE LA AUTORA

MEERA LEE PATEL es una pintora y escritora autodidacta que cree que cualquier cosa es posible.

Es la autora de *My Friend Fear: Finding Magic in the Unknown*, una hermosa reflexión sobre el miedo y cómo puede ayudarnos a ser quienes realmente somos..., si se lo permitimos.

También es la autora de los superventas *Todo empieza aquí: Un diario para conocerte mejor* y *Todos somos estrellas: Un diario creativo para ser tú mismo*. Vive con su marido, su perro, innumerables buitres negros americanos, pavos salvajes, coyotes y ciervos saltarines en una granja en los bosques del norte de Nashville, Tennessee.

Para más información, visita *meeralee.com* o *@meeraleepatel*.